ÉLOGE

DE

MONTESQUIOU.

Anne-Pierre de Montesquiou est né à Paris, le 17 octobre 1739.

Son père, Pierre de Montesquiou, lieutenant-général des armées du roi, étoit un homme de bien.

Sa mère, Gertrude-Marie-Louise Bombarde de Beaulieu, étoit une femme de tête.

« Je recommande particulièrement à mon » fils, » disoit Pierre Montesquiou, dans son testament, « de ne s'éloigner jamais du respect » & de la soumission qu'il doit à sa mère. Cette » mère tendre lui donnera de bons conseils, tant » pour sa fortune, que pour sa conduite dans » le monde. »

Montesquiou perdit son père à 13 ans; ainsi c'est à sa mère qu'il a dû son éducation.

Il étoit, dans sa jeunesse, silencieux & froid. Sa mère se félicita d'avoir un enfant doué d'attention, plutôt que de paroles; & quand elle lui vit un esprit froid, bien qu'actif, elle jugea que cet esprit auroit de la force.

Elle lui fit donner ce qu'on appelloit alors une éducation classique; elle plaça près de lui un instituteur familier avec les principes & les méthodes de l'université.

On s'attacha, non à lui épargner le travail, mais à le lui faire aimer; non à diminuer pour lui la peine d'apprendre, mais à la lui faire surmonter; non à ménager ses forces, mais à les accroître; non à borner & à réduire les choses qu'il devoit savoir, mais à lui faire une habitude & un besoin de toujours apprendre : en un mot, on ne s'occupa point d'abréger son éducation; mais on le mit en état d'y travailler toute sa vie.

Aussi, en entrant dans le monde, Montesquiou entra dans la carrière des lettres. Ces deux carrières, que les jeunes gens sans talent regardent comme opposées l'une à l'autre, furent la même pour lui. En cultivant la société, il cultivoit son esprit : elle fournissoit à son talent des anecdotes, des événemens; c'étoient pour lui des sujets de jolis contes, ou de chansons agréables. Les objets qui intéreſſoient ſon cœur, il les chantoit ; ceux qui égayoient ſon eſprit, il les chantoit : tout ſervoit à ſon talent, ſon talent ſervoit à tout.

Il porta du monde, dans les camps, cette aimable habitude.

Dès l'âge de 12 ans, il étoit entré au ſervice. En 1761, il fit, ſous le maréchal de Soubiſe, la campagne d'Allemagne, en qualité de maré-chal-des-logis ſurnuméraire de ſon armée.

Dans cette campagne, il acquit de la gloire, & pourtant n'oublia pas ſes amis.

Voici quelques vers d'une épître en vers qu'il écrivit d'Hanôvre au poëte Desmahis, le ſpi-rituel auteur de l'*Impertinent*.

Sur les triſtes bords de la Leine,
 Si loin de vous, cher Desmahis,
Je ſonge quelquefois aux rives de la Seine,
 Toujours je ſonge à mes amis.
Avec cent mille foux, courant après la gloire,
 Lorſque je viens en ces climats,
 Porter la mort & le fracas,
Dans l'eſpoir d'arriver au Temple de mémoire ;
A ce Temple qu'on voit toujours dans le lointain
 Et que l'on cherche à l'aventure,
 Par une route bien plus ſûre,
Apollon & l'Amour vous mènent par la main.
. . . .

Quand pourrai-je me retrouver
Dans cette retraite chérie,
Qui feroit ma feule patrie,
Si l'on pouvoit fe préferver
De tous les préjugés qui gouvernent la vie ?
Que cet efpoir eft loin au gré de mon envie ! ...

C'eft avec cette facilité, cet aimable mélange de philofophie & de fentiment, de raifon & de bon cœur, que Montefquiou faifoit des vers dans le Hanovre, & à vingt ans.

Mais ce qui dans ceux-ci nous paroît être plus remarquable que le talent, c'eft le témoignage qu'ils rendent du caractère de l'auteur, à cet âge où il eft fi ordinaire de n'avoir point de caractère, & de fes mœurs, dans un rang où il étoit fi difficile d'en avoir de bonnes. Pour en comprendre la valeur, il faut fe rappeller ce qu'étoit ce Desmahis pour qui Montefquiou avoit une amitié fi tendre. C'étoit l'homme de fon temps le moins dupe des titres & des noms. On a retenu de lui ces vers énergiques :

Ces petits infectes titrés,
Qui, de leur figure enivrés,
Chez vous, d'une courfe rapide,
Apportent dans des chars dorés,
Des fens flétris, une âme vide,
Et de grands noms déshonorés....

C'eſt ainſi qu'il parloit des grands ſans mérite.
Si l'application de ces vers n'eut été détournée
fort loin de Monteſquiou, par ſes mœurs, ſon
eſprit & ſon caractère, eut-il aimé Desmahis,
& Desmahis l'eut-il aimé ?

La nature avoit donné à Monteſquiou la puiſſance de la penſée, en lui donnant celle de
l'attention ; ſon éducation lui en avoit fait con-
tracter l'habitude : un événement fâcheux lui
en fit connoître le prix.

Etant en Eſpagne, il perdit tout-à-coup la
vue, & s'en crut privé pour jamais.

Réduit alors à ne rien voir qu'en lui-
même & dans ſes ſouvenirs, il ſentit combien
il avoit été ſage de recueillir, de conſerver les
tributs payés à ſa penſée par le ſens dont il
ne devoit plus rien eſpérer ; il ſentit combien
il avoit eu raiſon d'acquérir des idées au lieu de
multiplier ſans meſure ſes ſenſations ; d'appro-
fondir ſes impreſſions, au lieu de les effacer par
de continuelles diſtractions ; de s'enrichir de
ſentimens, au lieu de s'appauvrir par l'excès des
jouiſſances. Il eſt un âge, & c'eſt celui où ſe
trouvoit alors Monteſquiou, où la néceſſité paſ-
ſagère de ſe retirer en ſoi-même, de faire con-
noiſſance avec ſes penſées, de vivre avec elles,
décide pour la vie l'habitude de cultiver ſon eſ-

prit, parce qu'on a découvert, dans ce commerce de foi avec foi-même, des plaifirs inconnus dans toutes nos autres relations, & auxquels il n'eſt plus poſſible de renoncer quand on les a une fois goûtés. Montefquiou fit des vers pendant la privation momentanée de fa vue ; & cette raifon eût fuffi pour qu'il continuât à en faire quand il l'eut recouvrée.

Dès avant fon départ pour l'Allemagne, le 16 avril 1760, âgé de vingt ans, il s'était marié à Jeanne - Marie Hocquart de Montfermeil. Une chofe fingulière dans ce mariage, c'eſt qu'il fit rentrer dans la famille des Montefquiou les terres & châteaux de ce nom qui, depuis long-temps, en étoient fortis. Ce fut l'aïeul maternel du jeune époux qui les lui donna en dot, & l'on voit par le contrat qu'il y comprit fpécialement, *les droit, place, & prééminence de chanoine honoraire dans l'églife cathédrale d'Auch,* ap-partenant *de toute ancienneté aux feigneurs de Montefquiou.* Ainfi le même acte rendit Montefquiou propriétaire de l'ancien domaine de fa maifon, le fit époux & chanoine.

Ce dernier titre n'eſt pas étranger à fon hiſtoire littéraire. C'eſt fans doute à fon influence qu'il faut attribuer quelques chanfons un peu libres qui font échappées à la gaieté de Montefquiou : telle eſt ſa chanſon ſur l'*incarnation* dont nous n'avons garde de parler ; tels ſont auſſi ſes couplets à une *Marie* le jour de ſa fête , couplets que tout le monde ſait par cœur, & qu'on a attribués au chev. de Boufflers , alors abbé de moines : comme s'il eût été de la deſtinée de ces vers, foiblement pieux , de ne pouvoir circuler, dans ces temps pervers, que ſous le nom d'un homme d'égliſe.

Mais ce qui fit ſur-tout abſoudre Monteſquiou de cette petite licence , ce furent les agréables productions qui ſe multiplièrent ſous ſa plume. Il a ſait un grand nombre de pièces fugitives en vers. L'eſpace où nous ſommes renfermés , ne nous permet pas d'en donner une exacte notice.

Le morceau le plus étendu qu'il ait ſait en ce genre , eſt un poëme de cinq à ſix cents vers , intitulé : l'*Amour Platonique.* Ce morceau eſt plein de détails gracieux , & écrit avec une facilité charmante.

Pluſieurs épîtres d'amour , de galanterie, d'amitié ſur-tout, ſe ſont diſtinguer dans ſon recueil. C'eſt dans le genre de l'épître que le poëte homme du monde , a de l'avantage ſur l'homme de lettres, pour la grâce des tours & la fineſſe de l'expreſſion ; il ſemble que les lettres , qui ne font que la converfation foignée, participent plus nécellairement que tout autre écrit à cette variété de tours & de mouvemens, à cette con- venance & à cette aifance de manières, qui ne peut s'acquérir que dans la longue habitude du monde poli.

C'eft en ce genre auffi que Montefquiou a excellé. Voici quelques vers d'une épître adreffée par lui à Mᵈᵉ. de Monteffon. Après quelques féli- citations délicates fur un événement heureux pour fon cœur, il effaye de la peindre ; & il finit ainfi fon portrait :

> Dans une aimable & douce oifiveté,
> Vous ne m'offrez qu'une femme charmante ;
> N'affectant point la fenfibilité,
> Mais bonne amie, attentive, indulgente,
> Et fans efprit pour la méchanceté.

Après les épîtres de Montefquiou, nous pla- cerons fes chanfons : il en a fait dans tous les genres, depuis les couplets joyeux dont nous avons parlé, jufqu'à la romance.

Ce genre de poéfie, maintenant peu en vogue parmi nous, mais qui reprendra faveur dès que des circonftances plus calmes auront rendu l'efprit français à fa naturelle vocation, méritoit la prédilection du poëte de fociété, & méritera peut-être un jour celle du poëte citoyen & ami de la morale. Les chanfons , par l'avantage qu'elles ont d'ajouter au plaifir de l'efprit le charme du fens qui répond le plus vivement à l'imagination, par la facilité avec laquelle elles fe mêlent à toutes les occupations comme à tous les plaifirs de tous les âges & de toutes les conditions, par le privilége qu'elles ont de faire entendre cent fois, & fans laffer, ce que le difcours ne feroit pas écouter une feule fois peut-être, peuvent avoir une puiffante influence fur les mœurs publiques. Si jamais les chanfons de Montefquiou font imprimées , & fi les chanfons reprennent faveur, on verra qu'il a ajouté à la gloire de ce genre , & ce genre aura ajouté à la fienne.

Ses ouvrages de théâtre confiftent en quatre comédies qui n'ont été jouées qu'en fociété.

La première eft : la Vendange de Tugny, en un acte & en vers, repréfentée à Tugny le 27 feptembre 1766. C'eft un *divertiffement* plutôt qu'une comédie.

La feconde eft : *le Minutieux* , en profe & en trois actes. Le caractère du Minutieux y eft plus plaifant que comique, parce que l'auteur s'eft plus attaché à le montrer diftrait des chofes férieufes par des minuties qui y font étrangères,

qu'occupé minutieusement des détails & des ac-
cessoires de ses plus grandes affaires. Mais il
y a dans la pièce un caractère de jeune personne
très-aimable par sa candeur, sa sensibilité, ses
mouvemens & sa retenue tout ensemble. D'ailleurs, le tissu de l'ouvrage est une jolie intrigue ,
bien conduite, bien dénouée : le ton de la pièce
est d'une vérité parfaite.

La troisième comédie de Montesquiou est :
l'*Heureux Contraste*; elle est en vers & en un
acte. Le sujet en est agréable. Deux couples
d'amans se trouvent réunis à la campagne ; un
homme gai & une femme inquiète, d'un côté ;
une femme légère & un homme inquiet, de
l'autre. Les torts réciproques des amans amènent
des confidences ; l'amant gai guérit l'amant inquiet ; la femme sensible corrige l'amante tour-
mentée, & la pièce finit par un double mariage.
Cet ouvrage présente des mœurs aimables, que
font ressortir des moyens ingénieux ; les traits
de sensibilité y sont mêlés à des saillies gaies :
le style en est fin & enjoué, tendre & délicat.

Le dernier ouvrage dramatique de Montesquiou est aussi le plus considérable. C'est : *les
Joueurs*, comédie en vers & en cinq actes.

L'auteur a composé cette pièce pendant son
procès contre les usurpateurs de son nom.

Ce procès prend beaucoup de place dans l'histoire de Montesquiou, telle que tout le monde la fait. C'est qu'en général, on ne compose l'histoire des hommes les plus distingués que de leurs actes publics, faute de connoître ou de pouvoir entendre l'histoire de leurs pensées. La vérité est que ce procès occupa très - peu Montesquiou.

Il cita en justice des hommes qui avoient pris son nom, parce que ce nom étoit une propriété, parce qu'elle se détérioroit par le partage avec des faussaires qui, non contens de l'avoir usurpée, avoient encore le tort plus grand d'en abuser.

Ce fut pendant ce procès, & pour répondre aux instances de l'abbé Arnault qui le sollicitoit de publier sa généalogie, que Montesquiou lui dit ce mot si spirituel & si philosophique : « Mon cher abbé, les titres ne font bons que » contre la vanité des fots ».

Eh ! si la cause de Montesquiou eût été celle de la vanité nobiliaire, si elle n'eût pas été la cause sacrée de la propriété, eût-elle eu pour défenseur le jurisconsulte éclairé & éloquent, que son zèle pour l'égalité & la justice a élevé à la première magistrature de la République ?

Mais ce qui ne laisse aucun doute sur l'indifférence de Montefquiou pour ce qui pouvoit intéreffer la vanité dans ce procès, c'eft la compofition des *Joueurs* pendant fes plaidoieries ; compofition à laquelle on pourroit ajouter celle d'une chanfon très - gaie, très - piquante, faite quelques heures avant le jugement, à la fuite d'une nuit paffée en fociété dans les amufemens les plus bruyans. La vanité inquiète ne laiffe point la liberté d'efprit que ces ouvrages fuppofent : il n'eft aucune paffion qui bride le talent autant qu'elle le fait.

Nous regrettons de ne pouvoir donner une notice des *Joueurs*, & bien plus encore qu'ils ne foient connus ici que d'un très-petit nombre de perfonnes. C'eft un ouvrage digne de notre fcène comique ; il renferme deux fcènes d'un talent fupérieur.

Entre les ouvrages dramatiques de Montefquiou, nous n'ayons pas compté plufieurs divertiffemens compofés pour des fêtes données tantôt à fa mère, tantôt à fa femme : ces fortes d'ouvrages font ordinairement fans effet hors des circonftances qui les ont fait naître. Cependant nous nous y arrêterons un moment, comme à une partie, non de fes ouvrages, mais de fes plaifirs & de fa vie intérieure ; & il nous fera doux peut-être de remarquer ce bon ufage de l'efprit qui fe répand au sein de la famille , & en resserre les liens, en augmentant les plaisirs du cœur , & en accroissant, par les souvenirs qu'ils laissent, l'intérêt des affections mutuelles.

Le 23 juin , anniversaire de la naissance de madame de Montesquiou, il lui donna à Maupertuis une fête dont voici le commencement.

Le lieu de la réunion étoit une partie du parc plantée en jardin chinois, & où se trouve une maison chinoise. On y conduit le soir madame de Montesquiou; à son arrivée, le chinois, censé propriétaire du jardin , se présente à elle , & lui adresse le discours suivant, qui nous a paru être une vive peinture des sentimens & des mœurs de toute la famille; car le chinois étoit Montesquiou lui-même :

« Madame , je n'ai pu refuser à mes jeunes
» voisins, (il montro't ses enfans) mon secours,
» ma maison & mon jardin, pour célébrer votre
» anniversaire. Le grand empire où je suis né
» doit son étonnante durée & sa splendeur aux
» mêmes vertus que je retrouve en eux. Le res-
» pect filial poussé jusqu'à l'adoration, cette es-
» pèce de culte qu'il est si doux de rendre à ceux
» qui nous présentent l'image sensible de la divi-
» nité bienfaisante; voilà quelle est la première
» loi, voilà quelles sont les mœurs du peuple

» chinois. En les voyant empreintes dans leur
» cœur, j'ai cru revivre dans ma chère patrie
» dont je n'avois fongé dans cet azile qu'à me
» retracer le tableau. La nature, fans doute,
» eſt par-tout la même; mais pourtant je me
» perfuade que dans votre pays, plus que dans le
» mien, une mère adorée doit principalement
» ce grand avantage à ſes excellentes qualités.
» Ce qui fouvent chez nous eſt le fruit de l'ha-
» bitude & de nos inſtitutions doit toujours être
» parmi vous l'effet d'un fentiment éclairé. La
» première femme qui inſpira à la Chine cette
» tendre vénération, que la religion & les lois
» ont confacrée, vous reffembloit fans doute,
» madame; ainſi votre fête a droit d'en être
» une dans mon habitation, & c'eſt avec tranf-
» port que je partagerai la joie & la fenfibilité
» que votre préfence va y répandre ».

A ce difcours ont fuccédé des couplets, des
offrandes, des jeux, des danfes analogues à
cette ingénieufe & touchante fiction.

Forcés de nous réduire à la citation de très-
petits fragmens des ouvrages de Montefquiou,
nous préférons ceux qui le montrent dans ſa famille & montrent ſa famille autour de lui : heureux de pouvoir le faire revivre un moment au
milieu de ceux pour qui il eût voulu renaître.

Voici

Voici donc des vers qu'il adreſſa à madame
de Monteſquiou, la femme de ſon fils aîné, à
la ſuite de diverſes repréſentations de ſes pièces
& d'autres encore où elle avoit joué.

De vos talens, de vos grâces naïves,
La renommée a-t-elle aſſez parlé?
Du ſpectateur, ou ſéduit, ou troublé,
N'a-t-on pas vu les émotions vives
    Paſſer en un moment
Du déſeſpoir, à la joie, à l'ivreſſe,
Et tous les cœurs chérir également
Et leur erreur et leur enchantereſſe?
De tout cela je ne parlerai pas.
J'écouterai : j'applaudirai tout bas:
Sur ſon bonheur il faut être modeſte,
Et ſi le cœur ſe tait, en pareil cas,
De ſon ſilence il eſt payé de reſte.
Mais, n'en déplaiſe à vos admirateurs,
J'en ſais plus qu'eux : je connois l'âme pure
D'où s'élevoient ces accens enchanteurs;
. . . .
Lui devoir tout ce qu'on exprime,
Ne cherchant rien que dans ſon propre cœur,
Y trouver tout, la grâce, la candeur,
La vertu douce & la vertu ſublime;
Dans ſes tableaux n'oubliant ancien trait,
Repréſenter Galathée, Emilie,
Liſette, Roſe, Annette, Mélanie,
En ne montrant jamais que ſon portrait;
Eh bien! voilà, grâce aux jeux de Thalie,

Ce qu'on a vu, ce qu'à peine on croiroit,
Pour vos amis, ce n'eſt plus un myſtère ;
Vous le voyez : je ſuis dans le ſecret,
N'oſant parler, & ne pouvant me taire.

Les ouvrages de Monteſquiou ont fait peu de bruit dans la littérature, parce qu'ils n'ont pas été imprimés. Mais ils en ont fait beaucoup dans le monde, où ils étoient regardés comme une propriété exclufive.

Alors un préjugé, altier en apparence, humble & prudent en effet, interdiſoit à ce qu'on appeloit un homme de la cour de donner ſes ouvrages au public & de ſe placer dans la ligne des écrivains. Il importoit à la grandeur dénuée de talent, que l'avantage de la naiſſance paſſât pour ſupérieur à tous les autres, diſpenſât de toute gloire perſonnelle, en tînt lieu, & défendit même d'entrer dans une carrière où la critique pouvoit atteindre, & la comparaiſon rabaiſſer un homme qui devoit être au-deſſus de toute critique & de toute comparaiſon. C'étoit compromettre, diſoit-on, la dignité du rang, que de prétendre à la gloire des talens, que de s'expoſer aux critiques des gens de goût, à la rivalité des gens de lettres. Le duc de la Rochefoucault, l'un des ayeux de celui qui nous donne aujourd'hui un bon livre en huit volumes

fur l'Amérique, prétendoit bien n'avoir pas fait
un livre en publiant *ses maximes*. Montefquiou,
par égard pour l'infirme vanité des gens de fa
claffe , céda au préjugé qu'elle avoit établi ,
& dont au refte la littérature, la philofophie,
& fur-tout la liberté ne fe plaignoient pas.

Cependant les gens de lettres les plus diftin-
gués, & Montefquiou en avoit plufieurs pour
amis, connoiffoient fes poéfies. Voltaire chantoit
quelquefois & rappeloit fouvent la chanfon de
l'*Incarnation*. Il écrivit un jour à Me. de Bau-
veau : » Je viens de paffer deux jours fort
» agréables avec M. de Montefquiou. Je ne fais
» fi vous avez à la cour beaucoup de gens auffi
» aimables ; mais vous conviendrez au moins que
» nous n'avons pas vu d'homme du monde faire
» fi bien des vers ».

L'opinion de Voltaire étoit celle de tous les
membres de l'académie françaife , & Montefquiou
fut appelé dans cette compagnie.

Il y fut reçu le 5 juin 1784 , à la place de
l'ancien évêque de Limoges.

L'hommage qu'il rendit à ce vertueux prélat,
» dont l'âme pure avoit, » comme le dit Montefquiou, « porté à la cour, confervé au mi-
» lieu des honneurs, rapporté dans fa retraite
» toute la fimplicité des mœurs antiques, » cet

hommage, plein d'expreſſions touchantes & de
mouvement, ne peut avoir été inſpiré que
par cette profonde vénération pour la vertu,
qui eſt une vertu elle-même.

Qu'il me ſoit permis de rappeler ici la réponſe
qui fut faite à Monteſquiou par le directeur de
l'académie. C'étoit alors Suard. Ses éloges ſup-
pléeront la foibleſſe des miens.

Il commença par remarquer le diſcours même
que venoit de prononcer Monteſquiou, & le
préſenta comme un titre littéraire.

Il loue enſuite ſon amour pour les lettres,
ſentiment, dit - il, plus rare qu'on ne penſe ;
« mais, ajoûte-t-il, quelque précieux que ſoit
» pour elle ce titre, l'académie attend de vous
» davantage. Elle ſait que ſi les muſes ont des
» charmes pour vous, elles ont encore moins
» de rigueurs.

« On connoît de vous, Monſieur, pluſieurs
» piéces de vers, ouvrages de ſociété, nés des
» circonſtances & du moment, & qui ont eu
» le mérite rare de ſurvivre aux circonſtances
» qui les ont fait naître ; des épîtres & des contes,
» où une galanterie toujours ingénieuſe, un ba-
» dinage toujours décent, une imagination tou-
» jours raiſonnable, réuniſſent les bienſéances de
» la ſociété & celles du goût ; des chanſons où

» l'esprit & la gaîté ont toujours cette grâce naïve
» & piquante qui convient à ce genre, je di-
» rois presque, national.

» ... Vous avez fait des comédies où vous
» avez peint les mœurs de la société avec le
» coup-d'œil fin de l'observateur & l'art du poëte.
» Le dialogue en est ingénieux & naturel, &
» la peinture des travers & des vices ....
» y fait bien sentir le prix de la raison & de la
» vertu ».

Lorsque Montesquiou devint membre de l'académie française, il y avoit treize ans qu'il étoit
premier écuyer du frère du roi.

En 1786, il fit concourir tous les avantages
attachés à ces deux titres, pour l'accroissement
& l'affermissement du Lycée où nous parlons
en ce moment de lui.

Pilâtre de Rosier en avoit jeté les fondemens
en 1779. Il avoit fait, d'un cabinet de phy-
sique & d'histoire naturelle, un rendez-vous
d'amateurs des sciences, sous le nom de *Musée*.
Au commencement de 1786, Montesquiou donna
une autre existence à cet établissement. Sous le
nom de *Lycée*, sous la protection alors nécessaire
des deux frères du roi, avec l'appui du ministre de
Paris, le concours de quelques capitalistes, celui
de plusieurs hommes de lettres distingués, il de-

vint une école publique du premier rang, où les plus illustres instituteurs déployèrent leurs talens devant les élèves les plus en état de se passer de maîtres.

Les vues judicieuses apportées à la formation de cet établissement, ont été exposées par Montesquiou dans le programme de l'an 5, avec le bonheur d'expression qui lui étoit ordinaire.

« Les fondateurs ont voulu, dit-il, qu'au » milieu des grands monumens consacrés aux » sciences & aux beaux arts dans la capitale de » l'empire français, un établissement modeste ; » qui ne portât ombrage ni à l'avidité spécula-» trice, ni à la médiocrité jalouse, s'élevât, » non pour ajouter à l'éclat des sciences & des » arts, mais pour le réfléchir ; non pour créer » des chefs d'œuvres, mais pour propager le » sentiment de ceux que la France possède, ré-» pandre le goût des connoissances utiles dans » la société, & la faire profiter des leçons des » grands maîtres ».

C'est sur ces principes que le Lycée est devenu, pour les habitans de Paris, une école intermédiaire entre les hautes classes de l'université & les académies, un supplément à toutes les éducations de province ; c'est ainsi qu'il est devenu, pour les femmes, un refuge contre

l'ignorance, fans leur offrir un théâtre propre
à l'étalage du favoir & des alimens de pédante-
rie ; pour les hommes de lettres les plus ifo-
lés , un moyen d'acquérir , dans le commerce
des femmes , cette urbanité fi néceffaire aux
efprits éclairés ; car fi la richeffe de l'efprit
n'a pas , comme toute autre richeffe , le défaut d'endurcir le cœur , elle a du moins
celui de nuire fouvent à la douceur du ton &
des manières.

C'eft à-peu-près à l'époque de 1786 que finit , pour Montefquiou, la vie purement littéraire. En 1786, commença, pour lui, comme
pour tous les efprits éclairés qu'appeloit la philofophie, pour toutes les âmes hautes qu'appeloit la liberté, l'étude des affaires publiques.

Ici, il s'offre à nous dans une nouvelle carrière. Ce ne font plus des fleurs qui fe rencontrent,
fous fes pas ; ce font des épines , quelquefois des
précipices ; & il marche fous un ciel toujours
orageux. Son but n'eft plus le plaifir de quelques
amis ; c'eft le bonheur d'un grand peuple. Ici
le talent a befoin des fûretés de la logique ,
des précautions de la prudence, de l'étendue
des vues : il ne fuffit même plus du talent ; il
faut du caractère.

B 4

Mais les forces de Montesquiou sont augmen-
tées comme ses occupations ; sa raison s'est
agrandie comme les circonstances. Sa jeunesse a
suffi à la poésie ; les affaires publiques n'acca-
bleront point sa maturité. Nous avons vu l'esprit
aimable ; nous allons voir l'esprit solide ; nous
avons vu l'homme de lettres, l'homme de société ; voici l'homme public & le citoyen.

Entre les diverses branches des intérêts publics dont les esprits s'occupèrent durant l'assemblée des notables, chacun en choisit une,
& Montesquiou embrassa la réformation des finances.

Il avoit déjà surpris plusieurs fois des admi-
nistrateurs, par la netteté & la sagesse de ses
vues, lorsque les états généraux furent convo-
qués ; il y fut député par le corps électoral de
Paris. A son entrée, sa part dans le travail fut
marquée par la voix publique ; on le nomma à
la commission des finances.

Nous ne pouvons donner ici qu'une idée très-
générale de ses travaux.

C'est lui qui a ouvert les discussions de finances
par un rapport étendu sur un discours de M.
Necker, prononcé le 24 septembre 1789, à
l'assemblée. Ce rapport ajoutoit des vues nouvelles à celles du ministre, & il fut présenté

vingt-quatre heures après le discours qui en étoit
l'objet.

Un mois après, Montesquiou exposa, dans
toute leur étendue, les résultats des travaux
de la commission. C'étoient des tableaux rai-
sonnés de toutes les parties de la dépense & du
revenu publics, ainsi que de la dette nationale,
& des vues pour la réduction des dépenses.

Vint ensuite un plan de travail pour la dis-
cussion méthodique & régulière de ces dépenses.

Quelques temps après, un projet de réduction.

Le 15 mars 1790, un autre rapport sur un
nouveau mémoire du ministre des finances, pour
l'administration du trésor public.

Le 27 août suivant, un rapport sur la dette
publique.

Le 29 octobre, un projet d'ordre pour la
distribution des sommes destinées à la libération
de l'état.

Le 10 mars 1791, un rapport sur l'organi-
sation du trésor public.

Enfin, le 9 novembre, peu avant la fin de
l'assemblée constituante, un compte des opéra-
tions qu'elle avoit faites en finances, un tableau
de la situation où elle avoit trouvé les affaires, de
celle où elle les laissoit à ses successeurs.

On voit que Montefquiou a été le principal organe de la commiffion des finances ; qu'il a fait tous les rapports généraux de cette commiffion ; qu'il a ouvert toutes les difcuffions ; qu'il les a prefque toutes clofes ; qu'il a tracé la ligne que l'affemblée devoit fuivre dans fes délibérations, & lui a fourni fes principaux motifs de décifion ; & qu'enfin il a couronné tous fes travaux par un rapport où tous ceux de l'affemblée font retracés, pour lui fervir de témoignage contre les détracteurs qu'elle devoit avoir lorfqu'elle ne feroit plus.

Le mérite qui a toujours le plus frappé dans les rapports de Montefquiou, c'eft la clarté, la netteté, &, comme l'a dit Garat, cette élégance que comportent auffi les affaires. L'ordre de fes difcours étoit fi analytique, fon ftyle fi fimple & fi pur, fes réflexions fi juftes & fi précifes, que l'attention, au lieu d'être une fatigue pour l'affemblée, étoit un befoin & un plaifir. Auffi les applaudiffemens qui interrompoient fouvent les difcours de Montefquiou, ceux qui les fuivoient toujours, témoignoient, par leur unanimité & leur vivacité, que la reconnoiffance n'y avoit pas moins de part que l'admiration.

Mais le mérite de la clarté tenoit, en Mon-

tefquiou, à un autre mérite que, peut-être,
on n'y a pas affez diftingué. Être clair dans les
difcuffions, c'eft être fincère dans fes opinions,
droit dans fes vues; c'eft défier la mauvaife foi,
la malveillance, l'intérêt perfonnel. L'ordre des
penfées témoigne auffi qu'on veut l'ordre des
affaires; qu'on le veut durable; que, fans l'ordre,
on croit toute furveillance Infuffifante, toute
attention Inutile. L'ordre des penfées témoigne
enfin l'amour de la juftice, de cette juftice encore plus productive en finance que la fpoliation
n'eft ruineufe, & c'eft beaucoup dire. Eh ! fans la
juftice des fentimens, comment obtiendroit-on toujours la jufteffe des idées & celle des expreffions ?

La clarté des ouvrages politiques de Montefquiou attefte donc déjà la loyauté de fon caractère; mais il l'a d'ailleurs affez montrée dans
plufieurs actes de fa vie politique, & dans des
écrits particuliers qui appartiennent plutôt à fa
conduite qu'à fes ouvrages, & fe rapportent
à la liberté plutôt qu'à l'adminiftration.

Quand M. Necker propofa à l'affemblée conf-
tituante l'établiffement de commiffaires de la
tréforerie, & demanda qu'elle levât la défenfe
faite à fes membres d'accepter aucune place du
gouvernement, l'intention du roi étant de prendre
dans fon fein les membres de la commiffion pro-

posée, Montesquiou s'opposa à la révocation du décret. « Il faut défendre, dit-il, ceux-mêmes » qui pourroient prétendre à ces places, des » dangers d'une ambition que peuvent leur inf-» pirer, tantôt les circonstances, tantôt leurs », talens mêmes...... C'est l'ambition que vous » avez voulu bannir; c'est là le noble intérêt dont » vous avez fait le sacrifice, & qu'on doit re-» garder comme le don patriotique des vertus » & du talent ». Voilà bien ce désintéressement qui fut le principe d'une des plus honorables imprudences de l'assemblée constituante. Qui doit en retirer plus d'estime que Montesquiou ? Pour qui le sacrifice étoit-il plus grand que pour lui, puisque ses talens le portoient des premiers aux grandes places ? Et qui marqua mieux que lui la persistence à s'en exclure ?

La malveillance se souvient peut-être que le projet présenté par Montesquiou, pour la dis-tribution des sommes affectées au paiement des dettes de l'état, fut rejeté, parce qu'il propo-soit le remboursement de deux emprunts publics. Ces emprunts étoient onéreux. Mais on avoit sourdement répandu que Montesquiou étoit inté-ressé à en faire hausser les effets. Rien n'étoit plus faux, mais sur-tout rien n'étoit plus indifférent.

Quand il apprit quel motif secret avoit fait

rejeter, fans délibération, un projet mûri par
des difcuffions multipliées de deux comités dont
il n'étoit que le rapporteur, il imprima une lettre
où il difcute les motifs réels & les motifs appa-
rens de la délibération, avec une telle force de
logique, où il fe défend avec une telle dignité
de ton & de langage, où il critique avec une
févérité fi décente l'affemblée qui s'eft laiffé
égarer, que cet écr't eft un modèle d'apologie
& de cenfure tout-à-la-fois.

Le projet rejeté n'étoit pas fon ouvrage; Montefquiou n'étoit que l'organe d'une commiffion
dans laquelle fe trouvoient deux hommes dont
les noms auroient fermé la bouche à la malveillance; c'étoit la Rochefoucault, c'étoit le
clairvoyant & rigide Camus. Montefquiou eut la
fierté de ne pas les hommer pour fa juftification;
il prouva que l'opération propofée étoit bonne,
& s'en tint là.

S'adreffant enfuite à l'affemblée, il lui dit:
« fi l'intérêt individuel étoit le moteur des pen-
» fées d'un homme public, l'homme feroit mé-
» prifable; mais la penfée refteroit entière. Car
» il faudroit examiner encore fi l'intérêt public
» n'eft pas d'accord avec l'intérêt particulier,
» & prendre garde de fe nuire à foi-même dans
» l'efpoir de nuire à un autre,

» Vous avez jugé une affaire publique , en
» ne croyant juger qu'une affaire particulière,
» & vous les avez également mal jugées toutes
» deux. »

C'est ainsi que Montesquiou , parlant pour
lui-même, parloit encore pour la chose publique,
& y ramenoit ceux qui , en l'accusant de l'avoir
oubliée , s'en étoient eux-mêmes écartés. C'est
ainsi que l'accusé, fort de sa conscience, réprime
souvent l'accusateur.

Après le départ du roi pour Varennes, Montesquiou fut chargé, avec deux autres commis-
saires, d'aller visiter les places de la Meuse ,
de la Moselle & des Ardennes. A son retour ,
il rendit compte de sa mission à l'assemblée. Son
rapport fut rendu inexactement dans un papier
public : il écrivit à ce sujet au rédacteur. Sa
lettre montre à quel point il étoit dès-lors en
butte aux partis, & indifférent à leurs clameurs.
« Aux yeux des prêtres, dit-il, j'étois un blas-
» phémateur : j'avois dit que l'assemblée cons-
» tituante étoit invoquée par tous les citoyens
» comme la providence de cet empire. Nos ré-
» publicains me trouvoient trop favorable au
» système monarchique, parce que je demandois
» du secours pour le pouvoir exécutif. Leurs
» adversaires m'accusoient d'attaquer la consti-

» lution , parce que j'assurois que le pouvoir
» exécutif n'inspiroit pas la confiance nécessaire,
» parce que je proposois d'autoriser le ministre
» des affaires étrangères à négocier, au nom
» de l'assemblée nationale, parce que j'avois
» parlé avec franchise du dénuement de nos
» places, &c ».

Montesquiou répond froidement, mais forte-
ment, à toutes ces censures.

Ce fut à la suite de cette mission que le
frère du roi lui écrivit, pour lui demander la
démission de la place de son premier écuyer.
La réponse de Montesquiou est d'un homme ferme
dans ses principes, & indépendant de tout intérêt personnel. Elle fut désapprouvée par les âmes
foibles qui subordonnent tous les devoirs & tous
les droits à la reconnoissance , comme si les
bienfaits achetoient jusqu'à la conscience de ceux
qui les reçoivent ; elle fut louée par les âmes
nobles qui savent que ce qu'on doit d'abord à
un bienfaiteur, c'est le respect de soi-même.

A toutes les époques critiques ou décisives pour
la liberté & l'égalité, on a toujours vu Montesquiou en première ligne entre les hommes qui
ont honoré la révolution par les plus beaux sacrifices.

On n'a peut-être pas oublié encore la séance

royale du 23 juin 1789, où le roi ordonna aux députés des trois ordres de délibérer séparément dans leurs chambres respectives.

On se souvient peut-être aussi que, malgré cette défense, cinquante membres de la noblesse vinrent le surlendemain prendre leur place à l'assemblée nationale. Montesquiou étoit du nombre; & ce qui est moins connu, c'est dans sa maison à Versailles que se sont assemblés ces cinquante membres immédiatement après la séance royale, & qu'ils ont pris la résolution effectuée deux jours après.

Dans la nuit du 4 août, Montesquiou vota l'abdication des priviléges.

Dans la séance du 18 juin 1790, il vota l'abolition des titres & des distinctions héréditaires.

Et, plus grand dans toutes ces circonstances que ceux qui faisoient les mêmes sacrifices avec enthousiasme ou avec ostentation, il les faisoit avec cet extérieur calme & serein, marqués assurées d'un contentement intime qui ne sera suivi ni de regrets ni de murmures.

TEL a été Montesquiou dans sa carrière législative. Au sortir de celle-là, il est rentré dans celle des armes, & a été chargé de plusieurs négociations ; c'est là que l'attendoient la persécution & le malheur.

Le 12 avril 1792, il fut nommé au commandement de l'armée du Midi ; le 25, il étoit rendu à son poste. Ce jour étoit celui où la France déclaroit la guerre à l'empereur, & où la rupture avec le roi de Sardaigne éclatoit par le rappel de notre ambassadeur. L'armée du Midi devoit être opposée à l'empereur & au roi de Sardaigne : le général nommé pour la commander, Montesquiou, la chercha & ne la trouva pas : elle n'existoit que de nom. Point d'armes, point de vivres, point d'effets de campemens, point d'officiers généraux, point d'état-major, point de soldats rassemblés.

Montesquiou écrit, se plaint, travaille luimême à la formation de son armée. Enfin, au milieu du mois d'août, il lui a donné l'existence.

Le 17 septembre, il reçoit l'ordre d'entrer en Savoie. Le 21, il y a pénétré ; le 23, il l'occupe toute entière.

C'est un événement remarquable par ses circonstances, que cette invasion de la Savoie,

Avant d'y faire entrer fes troupes, Montefquiou leur fit prêter, avec une grande folem-
nité, le ferment de refpecter les citoyens dé-
farmés, les femmes, les vieillards, les enfans,
& les propriétés, & d'être généreux envers les
ennemis qui leur rendroient les armes.

Auffi les habitans du pays tendirent-ils les bras
à nos foldats. La marche de l'armée françaife
étoit un triomphe ; le peuple des campagnes ,
celui des villes accouroient au - devant d'elle ;
des applaudiffemens , des cris de joie fuivoient tous fes pas ; la cocarde tricolore étoit
par - tout arborée ; le peuple béniffoit la modération du vainqueur : il étoit deux fois con-
quis.

Le même jour précifément où Montefquiou
occupoit la Savoie, il étoit dénoncé, accufé,
deftitué à la convention nationale, comme cou-
pable d'en avoir différé, de ne vouloir pas en
faire l'invafion, malgré les ordres qu'il avoit
reçus.

Les nouvelles qui vinrent le lendemain firent
fufpendre le décret; les nouvelles fubféquentes
le firent révoquer. Mais Montefquiou, inftruit du
décret de deftitution, demanda fa retraite, non avec
humeur, mais avec dignité; non par reffentiment,
mais par la conviction qu'il lui feroit impoffible

de faire le bien, ayant des ennemis puiſſans, & des détracteurs accrédités.

Vergniaux qui lui avoit inſpiré beaucoup d'eſtime par ſon caractère, & d'admiration par ſon talent, lui écrivit une lettre très-preſſante pour l'engager à retirer ſa démiſſion. « Vos accuſateurs, dit-il, à Monteſquiou, ont agi par » patriotiſme ou par des paſſions particulières. » Dans ce premier cas, vous leur devez » votre eſtime; dans le ſecond, votre mépris: » dans les deux, vous devez vos ſervices à la » république ».

Monteſquiou céda & conſerva ſon commandement.

Alors il fut chargé d'une expédition ſur Genêve. Ici la perverſité l'attendoit encore.

Genêve, intimidée par les menaces d'un miniſtre français, autrefois l'un de ſes citoyens, avoit demandé aux ſuiſſes une garniſon pour ſa ſûreté. Ce miniſtre lui fit un crime des troupes appelées par la crainte de ſes menaces. La miſſion donnée à Monteſquiou fut de demander à Genêve la ſortie des ſuiſſes. Il l'obtint par la perſuaſion & par la fermeté de ſon langage; & il fut convenu, dans un traité ſigné entre la république & lui, que, dans cinq ſemaines au plus tard, le départ des troupes ſuiſſes auroit lieu. Ce traité fut envoyé au gouvernement français pour obtenir son acquiescement & la ratification de la convention nationale.

Il n'étoit pas encore conclu, que déjà le gouvernement, satisfait des négociations de Montesquiou, l'avoit chargé de renouer l'ancienne amitié de la France avec les Suisses. Il étoit important de s'assurer de leur neutralité dans la guerre qui alloit embrâser l'Europe. La destruction du régiment des gardes suisses, le licenciement de plusieurs autres corps avoient aigri les cantons. On ne permettoit plus à nos voyageurs de s'y arrêter; l'ambassadeur de France n'y avoit plus de correspondance générale ni particulière; les députés de Berne avoient même proposé son renvoi dans la diète. Il étoit nécessaire de mettre un terme à cette mésintelligence.

Les Suisses étoient gagnés d'avance à Montesquiou, par la confiance qu'il avoit inspirée à Genève & en Savoie. Ses négociations, à peine entamées, obtiennent un plein succès : la Suisse, rassurée par les assurances qu'il donne de la bienveillance de la république française & par son zèle à la seconder, désarme; & des Alpes au Rhin, Montesquiou laisse la France sans ennemis.

La correspondance de Montesquiou, comme

général & comme négociateur, eſt un modéle;
Toujours précis & clair, avec le conſeil exécutif, il eſt remarquable par la ſévérité décente
de ſes repréſentàtions, par la juſteſſe de ſes idées,
par la juſtice de ſes principes; il l'eſt par la belle
ſimplicité de ſon langage avec les négocíateurs
étrangers, par cette franchiſe mêlée d'égards,
cette fermeté mêlée de douceur, qui convenoit
ſi bien au général & au négociateur d'une grande
république. Bien des gens s'étonnent, en liſant
cette correſpondance, de voir un homme de la
cour de France prendre ſi juſte le ton du républicain, c'eſt que le ton du républicain eſt le
ton naturel des hommes d'eſprit.

Monteſquiou, dans ſa double négociation,
avoit ſans doute aſſez bien ſervi ſa patrie. Mais
alors déjà ce n'étoit plus la patrie qu'il falloit
ſervir, c'étoient les partis. L'eſprit perturbateur
alloit prédominer, les principes de la juſtice &
de la modération alloient être méconnus. La
conduite de Monteſquiou avoit été utile à la
choſe publique; mais ſon caractére ne pouvoit
que nuire aux prétentions particulières.

Déjà des contrariétés s'étoient fait ſentir à
lui dans ſes négociations avec la Suiſſe. A cette
époque, il venoit de perdre ſa femme; il avoit
demandé une ſeconde fois ſa retraite, implorant

le repos & la liberté pour la douleur que lui caufoit cette pérte. On l'avoit refufé, Sa retraite ne contentoit pas l'inimitié, il falloit fa perte?

Le traité fait avec Genêve ayant été préfenté à la convention, il fournit le prétexte qu'on attendoit. Montefquiou fut accufé d'avoir fait une tranfaction honteufe, en accordant cinq femaines aux fuiffes pour fortir de Genêve, & d'avoir enchaîné la valeur de nos foldats devant l'ariftocratie genêvoife. Le décret d'accufation eft auffitôt prononcé que propofé. Le décret d'accufation étoit alors un arrêt de mort.

Pour apprécier toute la juftice de celui-ci, il fuffira de favoir que, quelques jours après qu'il fut rendu, le traité qui en étoit le prétexte fut ratifié par la convention. Il ceffa de paroître honteux & le délai accordé aux fuiffes ceffa de paroître trop long, dès que le coup eût été frappé fur Montefquiou.

Le 13 novembre 1791, au matin, étant au quartier - général devant Genêve, un homme attaché à fon fort par cette eftime, qui, comme il le dit, confole les bons de la haine des méchans, demande à lui parler. Il avoit devancé le courier porteur du décret : il lui annonce qu'il n'a pas une heure pour s'échapper. En effet, une heure après, entre dans la cour

une voiture en poſte, d'où deſcendent deux in‑
connus qui ſe font conduire chez l'officier-gé‑
néral, commandant ſous Monteſquiou ; & bien‑
tôt il apprend que des ordonnances ſont en mou‑
vement.

Alors il ne doute plus qu'on ne veuille l'ar‑
rêter comme un vil criminel. Il monte à cheval ,
prend un bateau ſur le bord du lac , &, au
bout de deux heures, il eſt à l'abri des re‑
cherches.

A peine à-t-il touché terre, qu'il écrit au
préſident de la convention une lettre éloquente
contre ſes accuſateurs. C'eſt l'écrit le plus animé
qui ſoit ſorti de la plume de Monteſquiou ; c'eſt
même le ſeul où il y ait de la véhémence. Il
ſe défend moins qu'il n'accuſe ; il ſaiſit corps à
corps l'implacable ennemi de Genève qui venge
ſur lui ſa haine trompée ; il imprime ſur ſon
front, malgré le maſque dont il ſe couvre, le
ſceau de l'iniquité ; il le perce, malgré la puiſ‑
ſance dont il eſt plaſtronné, & le livre à l'indi‑
gnation des gens de bien qui ne devoit pas toujours
être impuiſſante & muette.

A la fin de ſa lettre , Monteſquiou expoſe
la règle de conduite qu'il s'eſt impoſée, & à la‑
quelle il a été fidèle.

« Dans quelque lieu que je me retire, dit-il,

» je ne cefferai de faire des vœux pour mon pays.
» Jamais je n'aurai de rapports directs ni indi-
» rects avec fes ennemis. J'en trouverai moi-
» même par-tout où la révolution française eft
» haïe ; mais par-tout où la vertu malheureufe
» & perfécutée a des amis, je trouverai des con-
» folateurs ».

Cette lettre fut lue ; elle ne fut point écoutée.

Voilà donc Montefquiou au-delà de ces fron-
tières, vers lefquelles il n'y a plus de rétour !
Le voilà hors de fa patrie, chargé d'une prof-
cription, confondu, par l'inimitié, avec ces ennemis de la république qui font auffi les fiens ;
laiffant en ôtage à fes perfécuteurs ce qui lui
refte de plus cher au monde, fa mère & fes enfans ; n'emportant enfin pour confolation que
les fouvenirs d'une bonne confcience, & pour
foutien dans fes befoins, que la patience & le
courage.

Heureufement il ne fera point réduit à fuir
vers les ennemis de fa patrie, comme vers un
moindre danger. Cette Helvétie qu'il a préfervée
de la guerre, lui donne un afyle.

Il obtient la liberté de s'établir à Bremgarten,
près de Zurich. C'eft là qu'il a vécu folitaire
pendant trois années, fuivant d'un œil inquiet
la deftinée de fa famille, pleurant les amis que

chaque jour lui enlevoit, & fe défolant de la marche de cette révolution dont il n'avoit pas prévu l'égarement.

Enfin arriva cette époque du 10 thermidor, où la terreur fe retourna contre fes agens, où une émulation de juftice, qui dégénéra enfuite en condefcendance aveugle pour des reffenti-mens cruels, fuccéda à l'émulation de fureur & d'atrocité qui avoit produit la terreur.

Alors Montefquiou fe rapprocha dela France, pour être plus à portée de demander la liberté d'y revenir, je dirois volontiers, pour folli-citer fa liberté; car, pour un français tel que lui, qui ne peut revoir fon pays, le monde entier eft une prifon, toute l'europe eft une Sibérie.

Pendant fon féjour à Genève, il compofa divers écrits fur les finances dont l'embarras étoit alors extrême.

C'eft là auffi, & dans le même temps, qu'il compofa fon *Poëme au lac Léman*, ouvrage de plus de deux cents vers, dont malheureufement il n'a donné de copie à perfonne, & dont je n'ai pu me procurer que des fragmens. A peine l'ef-pérance a lui dans fon âme, & déjà rendu à fes goûts & à fes habitudes, il rentre dans les plai-firs de l'efprit comme dans fes plaifirs les plus naturels, & dans l'exercice de ses talens, comme dans sa véritable noblesse.

Il y a de très-beaux vers dans son poëme au lac Léman.

Voici ceux que l'auteur adresse au peuple français, en parlant de l'appui qu'il parut donner au régime de la terreur :

Peuple, le sort du monde étoit dans tes décrets,
Si, de tes corrupteurs, les troupes sacrilèges,
T'enivrant d'un pouvoir mis pour eux dans tes mains,
Ne t'avoient pas à pas entraîné dans leurs pièges,
Et fait subir le sort de tous les souverains.
Que t'ont dit ces pervers pour te conduire au crime,
Pour s'emparer de toi, pour régner sous ton nom?
Que tes ordres sacrés rendoient tout légitime.
C'est là ce que Narcisse avoit dit à Néron.

L'auteur fait ensuite le tableau des crimes qui ont signalé ces temps désastreux. Mais il reconnoît qu'un petit nombre de scélérats, sous le nom usurpé de peuple français, en ont été seuls coupables.

De toutes ces horreurs, que l'avenir vous lave,
Français ! Non, ce n'est point ce peuple aimable &
          brave,
Dont la Meuse & le Rhin attestent les hauts faits,
Qui combat en héros l'ennemi qui le brave,
Qui, long-temps opprimé, ne fut jamais esclave :
Non, non, ce n'est pas lui que souillent ces forfaits.

C'eſt lui qui les punit : j'aime à le reconnoître,
A ſa noble fureur, aux traits qu'il a lancés
Le jour où ſa juſtice, en foudroyant un traître,
A vengé l'univers. Mais ce n'eſt point aſſez :
Il faut qu'un peuple libre, enfant de la victoire,
Dompte ſes paſſions, comme il pourſuit ſa gloire.

Ici commence un morceau contre les réac-
tions, que Monteſquiou regarda toujours comme
funeſtes & qu'il eut toujours en horreur.

Après le 10 thermidor, deux de ſes anciens collègues, qui ſont aujourd'hui premiers magiſtrats de la république, dont l'un avoit
été ſon ami particulier, & à qui je puis atteſter
qu'il a été conſtamment attaché, entrèrent au
comité de ſalut public. Ils accueillirent les ré-
clamations de Monteſquiou, &, d'après leur
vœu, elles furent portées & favorablement pré-
ſentées à la convention, le 18 fructidor de
l'an III.

Enfin, après trois ans de proſcription, un
décret rend à Monteſquiou la liberté de rentrer
en France, à la charge de ſe juſtifier devant un
conſeil de guerre, des faits militaires, qui,
dit-on, lui ont été imputés.

Monteſquiou accourt à Paris. Il cherche le
tribunal qui doit le juger ; ce tribunal n'exiſte
pas. Il cherche l'acte d'accuſation ſur lequel il

doit se justifier; il n'en existe point. Il cherche
les membres de la convention qui ont été nom-
més pour le rédiger; & chacun dit : Je ne sais
rien à votre charge.

C'est ainsi qu'a fini la persécution contre
Montesquiou; mais l'injustice ne finit pas avec
elle, ni sur-tout le malheur. Il revoit sa famille;
mais une partie de ses amis ne sont plus, d'autres
le méconnoissent, parce qu'il a servi la république. Il est rentré dans son pays; mais ses biens,
confondus par la loi avec ceux des ennemis de
la patrie, sont vendus; &; de sa fortune passée,
il ne lui reste qu'une maison devenue inhabitable
par sa grandeur, & des dettes. Il a recouvré
ses droits de citoyen, mais des passions odieuses
lui en défendent l'exercice : en l'an V, il est rejeté des élections, comme *terroriste*; en l'an VI,
il est repoussé des assemblées primaires, comme
royaliste : preuve cruelle qu'alors la patrie n'étoit
pas tout-à-fait affranchie du joug des factions,
mais preuve honorable que Montesquiou fut toujours étranger à toutes.

Ces disgraces n'empêchèrent point Montesquiou de travailler pour la chose publique. Dans
tout le cours de l'an IV & de l'an V, il n'a cessé
de faire d'excellens écrits sur les finances; plu-

fieurs ont enrichi l'*Hiftorien*; d'autres, le Journal
d'*Economie publique*. A la fin de l'an V, il a
publié féparément un ouvrage confidérable, fous
ce titre : *Du gouvernement des finances de
France, d'aprés les lois conftitutionnelles,
& d'aprés les principes d'un gouvernement libre
& repréfentatif*. L'objet de cet ouvrage étoit,
comme il le dit, de montrer » que les principes
» de l'adminiftration des finances qu'on regarde
» comme un dédale fur la foi de ceux qui veulent
» en garder les avenues, font les plus fimples
» du monde; que le mérite de les préfenter eft
» auffi facile que celui de les entendre. . . . . .
» . . . . J'aurai atteint, dit-il, le but que je me
» propofe , non pas fi j'ai donné une grande
» idée de mon habileté, mais fi j'ai amené quel-
» ques-uns de nos repréfentans à moins douter
» de la leur ».

Montefquiou vouloit que la fcience des finances
pût être à la portée de tous les citoyens. Le
prix qu'il ambitionnoit de fes longues études dans
cette partie, n'étoit pas de montrer fon favoir,
mais de faire qu'on pût s'en paffer. Il avoit
travaillé à fe rendre inutile , comme tant
d'autres à fe rendre néceffaires.

L'ESPRIT de Montefquiou ne s'eft pas borné

aux fciences politiques ; il a auffi affronté les hauteurs des mathématiques. Le cit. Garat poffède un ouvrage d'Euler, en marge duquel Montefquiou a écrit des notes pleines de juftelle & de précifion.

Dernièrement, en parlant de l'illuftre Borda, nous remarquions qu'il avoit fu allier les hautes fciences avec une grande pureté de goût en littérature ; & nous cherchions d'où certains efprits tirent ainfi l'éminente prérogative de l'univerfalité. En voyant aujourd'hui Montefquiou commentateur d'Euler, nous pourrions étendre la queftion, & demander comment deux hommes ; partis de deux points auffi oppofés que Borda & Montefquiou, viennent à fe rencontrer réciproquement dans leurs domaines, & à s'y plaire enfemble ? Le fecret de cette étendue de l'efprit n'eft-il pas dans l'habitude prife de bonne heure de bien déterminer toutes fes idées, & de les réduire à leurs moindres termes, afin qu'elles occupent peu d'efpace dans l'entendement, qu'elles s'y rangent chacune à leur place , s'y retrouvent facilement, & confervent affez de jeu entr'elles pour fe rejoindre & fe prêter à de nouvelles combinaifons ? N'eft-il pas permis de penfer que ce qui engorge l'efprit, c'eft la confufion des idées, & jamais leur abondance ?

Et le phénomène que nous obfervons fur le géo-
mètre & fur l'homme du monde, écrivain politique & poëte agréable, ne viendroit-il pas de
ce qu'entre mille différences, il y avoit au moins
cela de commun à l'un & à l'autre, qu'ils avoient
été contraints de réduire leurs idées à la moindre
expreffion, l'un par la force des méthodes mathématiques, l'autre par la néceffité d'être très-
court pour fe faire écouter & très-clair pour fe
faire entendre d'un monde également diftrait &
parleur?

On voit par l'enfemble de ce qui précède, que,
dans toute la vie de Montefquiou, il y a toujours eu quelque chofe de littéraire. Il a écrit,
non-feulement comme homme de lettres, mais
comme légiflateur, comme militaire, comme
négociateur, comme citoyen.

Et toujours avec diftinction, & toujours avec
un parfait accord entre ce qu'il a dit & ce qu'il
a fait, entre ce qu'il a dit & ce qu'il a penfé,
entre ce qu'il a dit & penfé dans un temps,
& ce qu'il a penfé dans un autre. Dans tous fes
ouvrages, on a vu l'homme aimable, l'honnête
homme, le bon citoyen; comme dans fa conduite on a toujours vu quelque chofe de l'homme
de talent, & remarqué quelques paroles du bon

écrivain : preuve de plus des secrets liens qui uniffent les belles qualités de l'efprit à la beauté du caractère.

Nous avons vu par les écrits de Montefquiou, qu'autant il portoit d'agrémens dans la société, autant il portoit d'intérêt & de charme dans fa famille. Par l'heureux accord de fes goûts & de fes principes, c'étoit pour fa famille qu'il avoit le plus d'efprit & de talent. Il n'a rien écrit de plus ingénieux & de plus touchant en profe, que fon difcours à fa femme, dans la fête chinoife dont nous avons parlé. Les vers les plus délicats qu'il ait faits, font ceux qu'il a adreffés à fa bru.

Montefquiou étoit adoré de fes enfans; & je me fers de ce mot *adoré*, parce que c'eft celui qu'ils emploient quand ils parlent de leurs fentimens pour lui.

J'ai vu un de fes fils entrer chez lui pendant une converfation qui l'affectoit triftement; fon vifage s'éclaircit auffi-tôt. C'eft là une de ces chofes qui difent beaucoup, & qui ne mentent point.

Au commencement de la maladie dont il eft mort, fa tête a été entreprife. Son fils aîné étoit abfent. Il revient, Montefquiou le revoit, il

recouvre

recouvre toute fa raifon, & elle ne l'a plus quitté qu'avec la vie.

Je ne voudrois d'autre preuve de la tendreſſe de Montefquiou pour ſes enfans & de ſes en-fans pour lui, que l'étonnante reſſemblance de manières, de langage, même d'écriture, qui étoit entre ſon fils aîné & lui. L'inſtinct ne nous porte à imiter que ceux que le cœur nous dit d'aimer & à qui nous ſavons être chers.

Il y a des gens plus careſſans pour leurs amis que n'étoit Montefquiou, mais qui ne ſe refuſent pas une ſanglante épigramme contre eux. Montefquiou étoit cordial dans ſon commerce intime, & il ne croyoit pas à ces *bons cœurs* qui ne ſavent pas contenir la méchanceté de l'efprit.

Voici un trait de ſa délicateſſe en amitié.

Etant à Zurich, pendant ſon éxil, un citoyen de cette ville, de qui il avoit reçu beaucoup de marques d'eſtime & d'attachément, Paul Uſtéry, aujourd'hui membre du corps légiſlatif helvétique, vint l'inviter à venir voir une collection très-précieuſe qu'il avoit reçue depuis quelques jours de Paris. C'étoit un recueil complet des écrits publiés en France, ſur les affaires publiques depuis la révolution. Uſtéry étoit enchanté de cette poſſeſſion. Montefquiou va là voir. Au premier coup d'œil, il reconnoit ſa collection, qu'il avoit

formée lui-même avec beaucoup de foin , &
qui avoit été vendue à l'encan avec fon mobi-
lier. La crainte de troubler le plaifir d'Uftéry
arrêta fur fes lèvres l'exclamation que la furprife
y avoit portée ; & il lui a toujours laiffé ignorer
à qui avoit appartenu cette propriété.

MAINTENANT, il n'eft perfonne ici , je
penfe, qui ne puiffe faire le portrait de Montefquiou , & l'oppofer à ceux où la malveillance
l'a plus d'une fois défiguré.

Dans le monde, on lui a reproché d'être tranchant. Il l'étoit dans la difcuffion , jamais dans
la converfation. Dans la difcuffion même, il
l'étoit, non fur le fond des queftions, mais fur
les inutilités dont on les embarraffoit. Il l'étoit,
par la force de fa logique, non par orgueil de
caractère. Il tranchoit dans le verbiage : trancher
ainfi, c'eft élaguer. La logique prudente a inventé
ce mot *tranchant*, pour défigner celui qui coupe
avec orgueil un nœud qu'il faudroit ouvrir ; mais
la vanité verbiageufe a profité de ce mot pour
l'appliquer à l'efprit net & au logicien de bonne
foi. Dans des difcuffions délicates , j'ai vingt fois
entendu Montefquiou dire à une longue fuite de
phrafes indifférentes ; *qu'importe*. Mais quand
on en étoit à la difficulté, il difoit : *voyons ;*

&, à ce point, il avoit toute l'attention, toute
la réserve qui convient à l'ami sincère de la
vérité.

Au reste, cette sévérité de logique qu'on a
reprochée à Montesquiou, à l'égard des autres,
il l'exerçoit sur ses propres ouvrages : il en re-
jetoit tout ce qui avoit, disoit-il, le défaut de
s'y faire remarquer. Il regrettoit d'avoir laissé
passer une phrase brillante dans son dernier ouvrage sur les finances, parce qu'une femme d'esprit célèbre, mais à qui l'on ne reprochera pas
un pareil scrupule, l'avoit relevée avec éloge.
Il pensoit que dans un ouvrage de raisonnement
(& il ne faudroit pas étendre plus loin cette
opinion), toute phrase qui retenoit sur elle-
même, par trop d'éclat, l'attention qu'elle devoit uniquement conduire au but indiqué, est
presqu'aussi reprochable que celle qui l'arrête
par l'obscurité. Et, sans doute, l'ouvrage de
raisonnement le mieux fait est celui d'où la vérité
que l'on cherche sort incontestable, d'où chacun
peut tirer le moyen de la démontrer, & dont
personne ne peut citer un mot. La parure ap-
partient à l'art de charmer. Une lumière toujours
égale est l'attribut de l'art d'instruire. En ce genre,
c'est assez plaire que de soulager la fatigue
d'apprendre.

Quelques hommes de la révolution ont accusé Montesquiou d'être haut.

Qu'il me soit permis de répéter ici ce que j'ai déjà répondu à ce sujet.

« S'il étoit quelquefois dédaigneux, c'est qu'il parloit à un sot ; dur, c'est qu'il parloit à un méchant. Avec un homme de bien & de talent, il avoit le ton simple & franc de la parfaite égalité. Avec les hommes supérieurs, & je ne sais s'il en étoit beaucoup dont il ne fût l'égal, il avoit le ton de la déférence ; avec tout le monde, celui de la dignité tempérée par la simplicité.

» Le voyant ainsi en 1787 & 1788, je me suis dit : patricien du premier ordre, il cherche dans le simple citoyen, l'homme ; donc s'il fût né plébéien, il n'eût considéré que l'homme dans le patricien. Exempt de hauteur, malgré sa haute origine, il eût été exempt de bassesse, d'envie & de malveillance, dans un rang obscur : dans cette âme réside le pur sentiment de l'égalité.

» Et, depuis la révolution, me rappellant ces souvenirs, je n'ai pas été étonné de le trouver au ton de tout le monde, sans qu'il eût rien changé du sien ».

Des ennemis envenimés, sans l'accuser de hauteur de caractère, se sont fondés sur la hauteur de fa fortune paffée, pour l'accufer d'incivifme, de haine pour la liberté & l'égalité.

Ceux qui n'ont eu d'autre raifon à donner de leur défiance à fon égard, finon qu'il étoit defcendu de trop haut ; ont prouvé qu'ils plaçoient, eux, bien bas le titre de citoyen ; Montefquiou, en l'acquérant, ne crut pas defcendre.

Je le dirai pourtant & d'après fes aveux, il a été deux jours dans fa vie où il a trouvé très-doux, très-glorieux, d'être noble, très-noble ; deux jours où, felon lui, il n'exiftoit pas une âme honnête & éleyée qui n'eût payé bien cher la nobleffe, ne la poffédant pas, & ne fe réjouit vivement de la pofféder................ Et ces jours ont été ceux où il a été poffible d'en faire librement un honorable facrifice à la patrie, & une abdication folemnelle en reconnoiffance des droits du peuple français : en un mot, ç'a été le 4 août 1789 & le 15 juin 1799.

J'ajouterai que l'honneur même de la double abdication des titres & des privilèges lui parut être un grand privilège. C'en étoit un grand en effet ; & c'eft par cette raifon, fans doute, que quelques gens voudroient pourfuivre aujourd'hui ceux qui l'ont faite, comme très-coupable envers ceux qui l'ont reçue.

Au refte, je le jure aux pieds de la liberté :

Montefquiou difoit habituellement : rien n'eſt ſi facile que de rendre la république refpectable & chère. En eût-il parlé ainſi, s'il ne l'eût aimée & refpectée ?

Il trouvoit tout projet de renverfement fou & odieux ; il trouvoit très - ridicules les dé-dains que quelques gens affectoient pour elle : preuve qu'il la jugeoit forte, & très-près d'at-teindre à ſa grandeur qui lui eſt refervée.

S'il m'eſt permis d'efquiſſer à mon tour le portrait de Montefquiou, je dirai, ſans recherche, ce qui m'a frappé en lui.

Clair, ſimple, facile, élégant dans tout ce qu'il a écrit pour le plaiſir de la fociété ; émi-nemment lumineux dans ce qu'il a écrit pour inſtruire :

Noble, fenſible, délicat dans ſa vie privée ; juſte, droit, modéré, franc & ferme dans tous les actes de ſa vie publique :

Toutes ſes qualités ſemblent ſe réunir en ces trois mots, qui aſſurément n'exagèrent pas ſon mérite : Efprit net, cœur droit, caractère franc.

Et, peut-être, les exprimeroit-on d'une ma-nière plus ſimple encore & plus propre à révéler aux inſtituteurs de la jeuneſſe le fecret des efprits diſtingués & des cœurs excellens : c'eſt que Monteſquiou avoit *la puiſſance de l'attention.* C'eſt de cette puiſſance que viennent l'étendue de l'eſprit & la force du talent. C'eſt d'elle que viennent nos meilleures inclinations morales : c'eſt parce que Monteſquiou en fut doué, qu'il eut de bonne heure des goûts purs ; c'eſt parce qu'il ſut bien regarder & bien voir, qu'il ſut bien choiſir les objets de ſes affections, qu'il ſut aimer les hommes d'eſprit, ſa famille & ſa patrie. C'eſt parce qu'il voyoit clairement ce qui étoit honnête & beau ; & qu'il y tendoit toujours, qu'il étoit toujours franc & ouvert : c'eſt la pureté de ſes goûts, fruit de la netteté de ſon eſprit, qui aſſuroit l'admirable clarté de ſon ſtyle dans les affaires. Les rhéteurs ſe ſont trop mis en peine pour nous enſeigner l'art d'être clair. La clarté eſt un don du caractère, bien plus que de l'art. On eſt aiſément clair, quand on eſt toujours vrai ; aiſément vrai, quand on eſt toujours pur ; aiſément pur, quand on a l'habitude de cette attention qui veille ſur nos véritables intérêts, toujours liés à la raiſon & à la juſtice. Le bien s'explique aſſez de lui-même à notre intelligence, & les mots s'offrent aiſément aux idées qui naiſſent de notre conſcience.

La dernière année de la vie de Monteſquiou a

appartenu à fa famille, à l'amitié, aux lettres. La
lecture des livres nouveaux, & fur-tout des ro-
mans, confolation ordinaire des âmes douces &
pures ; le refpect filial, car fa vénérable mère
lui a furvécu ; l'amour paternel, nourri du plaifir
de voir deux fils héritiers de fes excellentes qualités ; une amitié vive pour quelques hommes de
lettres & pour ceux de fes anciens collègues qu'il
avoit vus avec lui dans la ligne du patriotifme,
particulièrement Emmery & Dupont ; enfin un
attachement particulier pour une femme inté-
reffante avec qui il s'étoit mis depuis fix mois
en communauté de malheurs & de courage,
étoient les adouciffemens d'une exiftence, que
le poids de fes dettes, bien plus que le renverfement de fa fortune, rendoit quelquefois très-
pénible.

Montefquiou étoit d'une taille au-deffus de
la moyenne. Il étoit maigre. Sa figure, fans être
belle, avoit de quoi plaire. Sa phyfionomie, noble
& franche, annonçoit plutôt la bonté que la
douceur. Il avoit la voix creufe, même un peu
rauque, depuis deux ans. C'eft principalement
parce que la douceur & la flexibilité manquoient
à fa voix, que quelques perfonnes ont refufé
ces qualités à fon caractère ; tant il eft vrai que
l'organe de la parole ajoute ou retranché à la
puiffance

puissance du discours. Il avoit eu beaucoup de grâces dans sa jeunesse : depuis sa jeunesse , il avoit ce maintien noble qui est la grâce de l'âge mûr.

Il est mort à Paris, le 9 nivôse dernier, d'une fièvre maligne.

Peu de jours avant sa mort, & en parlant de sa mort même , il dit à son fils aîné & à sa bru : *pourquoi faut-il que je trouble votre bonheur ?*

La veille , il disoit à une femme de ses amies, auteur du roman d'*Alphonse* qui venoit de paroître : *Je serai donc le seul qui ne le lirai pas !*

Le lendemain de sa mort, ses amis le pleurèrent ; les indifférens le louèrent ; ses ennemis s'étonnèrent de tant l'estimer, & se repentirent de ne l'avoir point aimé................Une voix s'éleva contre lui, mais elle fut la seule. Elle resta glacée dans le silence général, & Montesquiou fut vengé.

F I N.